INTRODUCCIÓN

Esta breve publicación explica cómo se cumple una pena de cárcel por un delito grave en Carolina del Norte. Espero que aquellos que la lean tengan una mejor idea de dónde y cómo cumple su pena un preso.

Con la presentación de la información en formato ilustrado no se pretende en modo alguno quitar importancia a un tema muy serio. Al contrario, el formato ilustrado se entiende como un formato accesible con el que conseguir llenar los vacíos de información y corregir las percepciones erróneas sobre el cumplimiento de una pena. Con esta novela gráfica se pretende proporcionar a las víctimas de delitos, los acusados, los presos, las personas en libertad condicional y sus familias un recurso comprensible que traduzca las palabras y los números de una sentencia condenatoria a una realidad práctica.

Aunque esta novela gráfica no es una referencia legal completa, se espera que sea de utilidad a abogados y jueces. Mejorar la comprensión de cómo se ejecuta una sentencia debería ayudarle a aconsejar mejor a sus clientes, a negociar sus alegatos y a imponer sentencias que logren cumplir una medida de justicia más refinada en cada caso.

No tengo ni los conocimientos técnicos ni el talento artístico para crear algo así por mí mismo. Para el contenido, he confiado en mi co-autora Shane Tharrington, encargada de clasificaciones de la División de Corrección para Adultos de Carolina del Norte. Para la ilustración, he pedido ayuda a Jason Whitley, un ilustrador con mucho talento que trabaja como director creativo principal de innovación educativa en la Escuela de Farmacia Eshelman en la Universidad de Carolina del Norte en Chapel Hill. Agradezco enormemente a Shane (y al sistema penitenciario) por contestar a mis preguntas y a Jason por transformar mi guión en una verdadera novela gráfica.

Jamie Markham

Chapel Hill

Mayo 2020

EL ACUSADO SERÁ DETENIDO EN LA CÁRCEL DEL CONDADO HASTA QUE EL SISTEMA DE PRISIÓN LO RECOJA, GENERALMENTE EN EL PLAZO DE UNA SEMANA.

SI EL ACUSADO APELA SU SENTENCIA, ESTE PUEDE SER PUESTO EN LIBERTAD CON UNA FIANZA DE APELACIÓN, PERO ESTO SUCEDE CON POCA FRECUENCIA.

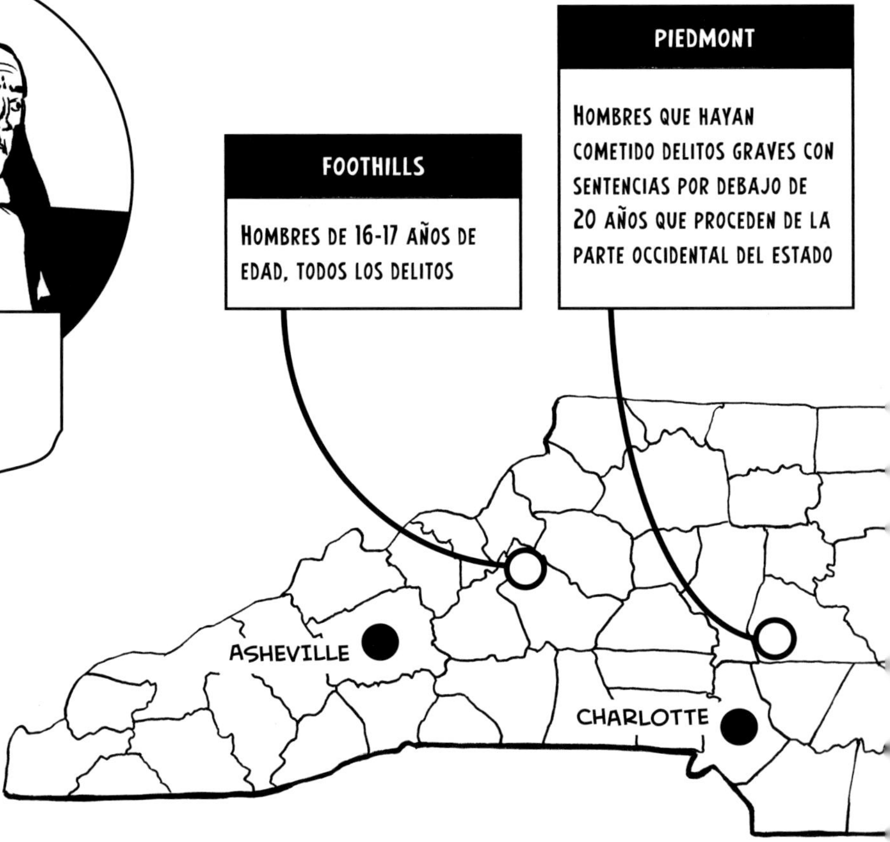

LA PRIMERA PARADA DEL ACUSADO SERÁ EN UNO DE LOS CENTROS DE DIAGNÓSTICO DE CAROLINA DEL NORTE.

FOOTHILLS

HOMBRES DE 16-17 AÑOS DE EDAD, TODOS LOS DELITOS

PIEDMONT

HOMBRES QUE HAYAN COMETIDO DELITOS GRAVES CON SENTENCIAS POR DEBAJO DE 20 AÑOS QUE PROCEDEN DE LA PARTE OCCIDENTAL DEL ESTADO

ASHEVILLE

CHARLOTTE

CENTROS DE DIAGNÓSTICO DE CAROLINA DEL NORTE

GENERALMENTE, EL ACUSADO RECIBIRÁ CRÉDITO CARCELARIO POR TODOS LOS DÍAS QUE PASÓ RECLUIDO ANTES DEL FALLO CONDENATORIO.

LOS CRÉDITOS CARCELARIOS SE RESTAN TANTO DE LA SENTENCIA MÍNIMA COMO DE LA MÁXIMA. POR EJEMPLO, SI EL ACUSADO TIENE 2 MESES DE CRÉDITO CARCELARIO, LE QUEDARÍAN POR CUMPLIR 8-19 MESES DEL TOTAL DE SU SENTENCIA DE 10-21 MESES.

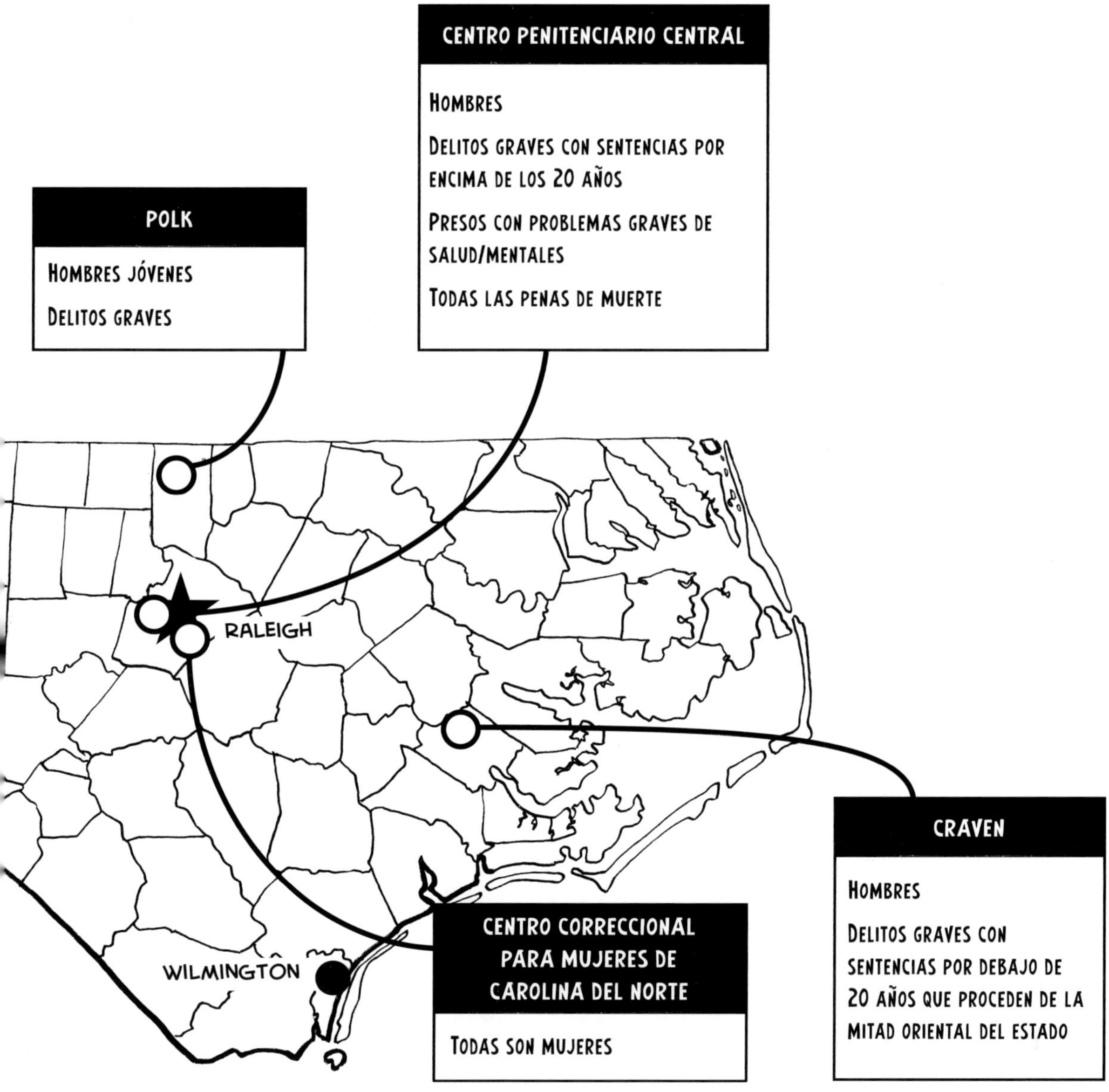

CENTRO PENITENCIARIO CENTRAL

HOMBRES

DELITOS GRAVES CON SENTENCIAS POR ENCIMA DE LOS 20 AÑOS

PRESOS CON PROBLEMAS GRAVES DE SALUD/MENTALES

TODAS LAS PENAS DE MUERTE

POLK

HOMBRES JÓVENES

DELITOS GRAVES

RALEIGH

WILMINGTON

CRAVEN

HOMBRES

DELITOS GRAVES CON SENTENCIAS POR DEBAJO DE 20 AÑOS QUE PROCEDEN DE LA MITAD ORIENTAL DEL ESTADO

CENTRO CORRECCIONAL PARA MUJERES DE CAROLINA DEL NORTE

TODAS SON MUJERES

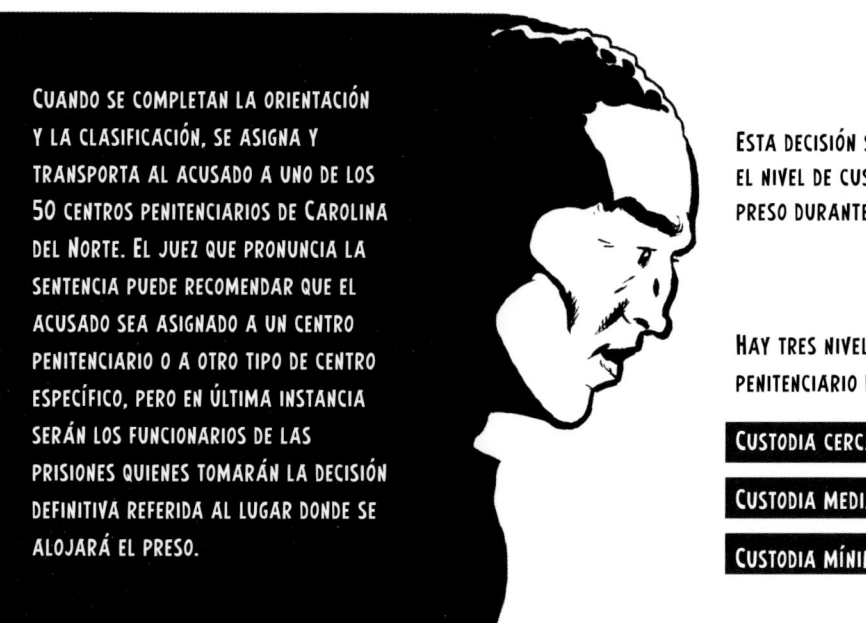

Cuando se completan la orientación y la clasificación, se asigna y transporta al acusado a uno de los 50 centros penitenciarios de Carolina del Norte. El juez que pronuncia la sentencia puede recomendar que el acusado sea asignado a un centro penitenciario o a otro tipo de centro específico, pero en última instancia serán los funcionarios de las prisiones quienes tomarán la decisión definitiva referida al lugar donde se alojará el preso.

Esta decisión se basa parcialmente en el nivel de custodia al que se asigna el preso durante la clasificación.

Hay tres niveles de custodia en el sistema penitenciario de Carolina del Norte:

- Custodia cercana (la más segura)
- Custodia media
- Custodia mínima

El mapa siguiente muestra algunos de los centros penitenciarios a los que se podría asignar el preso. El mapa destaca algunos ejemplos de programas especiales y de trabajos disponibles en algunos centros penitenciarios. Durante el cumplimiento de la pena, algunos presos serán transferidos a otras instalaciones a medida que vayan cambiando los niveles de custodia, las asignaciones de trabajo, y las necesidades del programa.

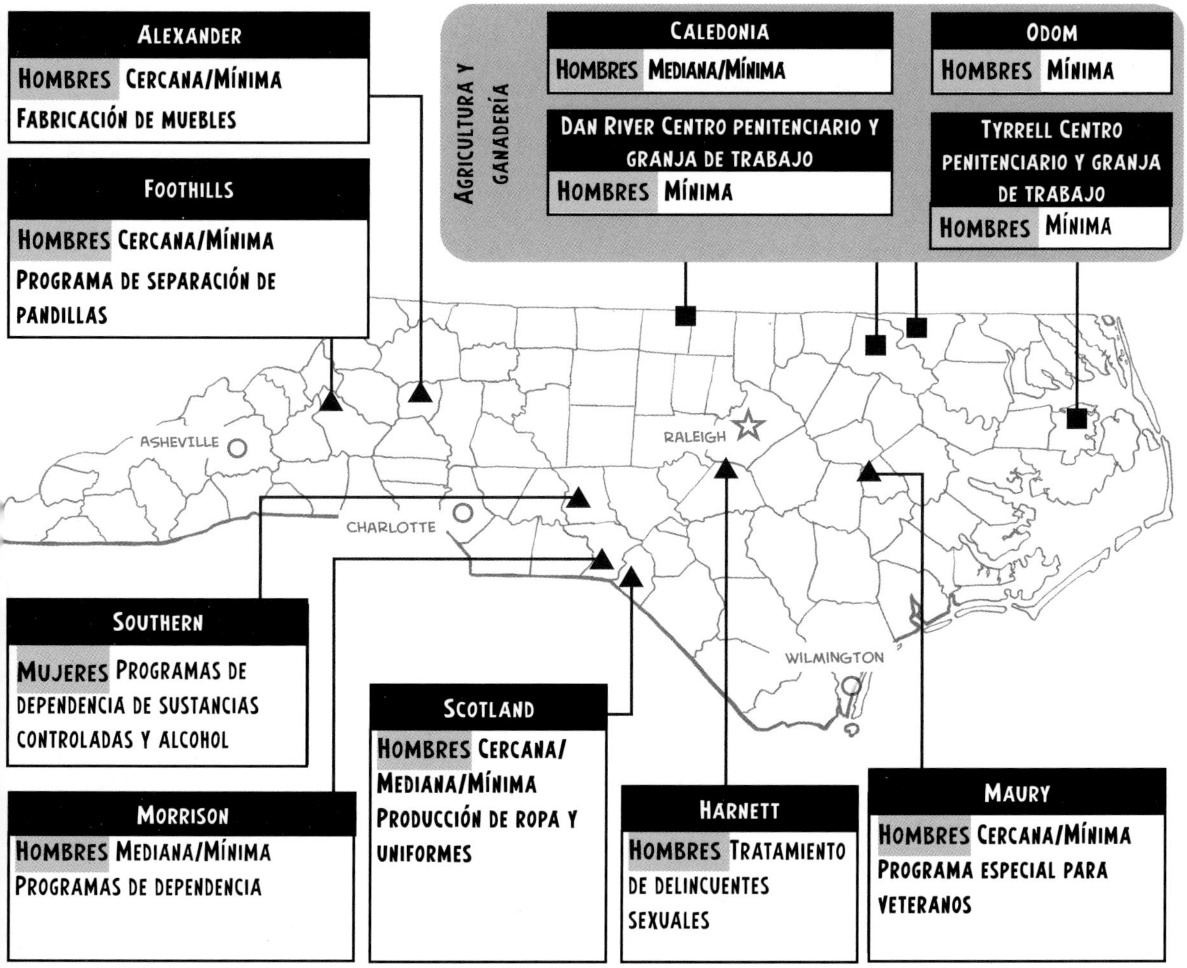

ALEXANDER
HOMBRES Cercana/Mínima
FABRICACIÓN DE MUEBLES

FOOTHILLS
HOMBRES Cercana/Mínima
PROGRAMA DE SEPARACIÓN DE PANDILLAS

AGRICULTURA Y GANADERÍA

CALEDONIA
HOMBRES Mediana/Mínima

Dan River Centro penitenciario y granja de trabajo
HOMBRES Mínima

ODOM
HOMBRES Mínima

TYRRELL Centro penitenciario y granja de trabajo
HOMBRES Mínima

ASHEVILLE
RALEIGH
CHARLOTTE
WILMINGTON

SOUTHERN
MUJERES PROGRAMAS DE DEPENDENCIA DE SUSTANCIAS CONTROLADAS Y ALCOHOL

MORRISON
HOMBRES Mediana/Mínima
PROGRAMAS DE DEPENDENCIA

SCOTLAND
HOMBRES Cercana/Mediana/Mínima
PRODUCCIÓN DE ROPA Y UNIFORMES

HARNETT
HOMBRES Tratamiento de delincuentes sexuales

MAURY
HOMBRES Cercana/Mínima
PROGRAMA ESPECIAL PARA VETERANOS

En el centro penitenciario asignado, el preso cumple el resto de su sentencia. En parte, la duración de su sentencia dependerá de su comportamiento. Participar en trabajos y programas permite que el preso gane créditos, también llamado "earned time" o tiempo ganado.

El tiempo ganado se concede a distintos niveles en función del tipo de trabajo o del programa completado. En general, participar en cualquiera de los trabajos o programas que se muestran a continuación se premia con la obtención de 9 días de tiempo ganado cada mes.

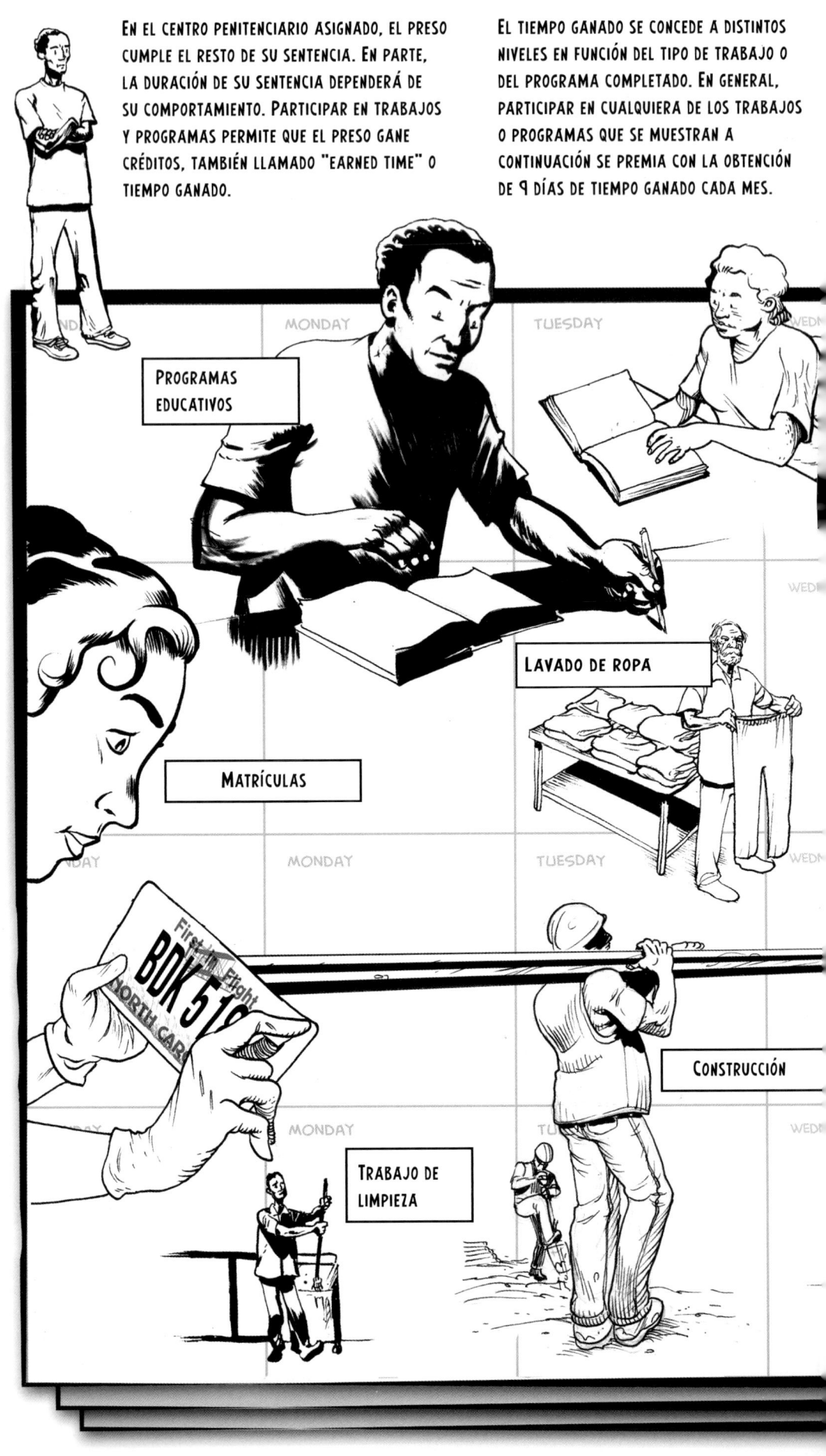

PROGRAMAS EDUCATIVOS

LAVADO DE ROPA

MATRÍCULAS

CONSTRUCCIÓN

TRABAJO DE LIMPIEZA

El preso que está a la espera de la asignación de trabajo o de algún programa generalmente obtiene 3 días de tiempo ganado cada mes.

Los presos también pueden obtener otro tipo de crédito llamado "meritorious time" o tiempo meritorio por actos ejemplares como pueden ser trabajar durante condiciones climáticas desfavorables o completar un programa educativo.

SOLDADURA

CARTELES DE TRÁNSITO

GRUPO DE TRATAMIENTO

ENTRENAMIENTO DE PERROS

TRABAJO DE CARRETERAS

ABAJO COCINA

Las sentencias activas por delitos graves constan de dos partes: un período de reclusión en un centro penitenciario, seguido por un período de supervisión posterior a la liberación (PRS). PRS es un período de liberación supervisada en la comunidad, similar a la libertad provisional.

La duración del PRS incluido en la sentencia depende de la clase de infracción y de si el delito requiere o no la entrada en el registro de delincuentes sexuales.

Delito	PRS Porción del Tiempo Máximo
Clase F-I	9 Meses
Clase B1-E	12 Meses
Clase B1-E Delito sexual	60 Meses

El sistema penitenciario resta el tiempo de PRS de la sentencia máxima de forma automática y lo deja al lado. Esto sucede porque el preso cumplirá esta parte de la sentencia si se revoca el período de PRS únicamente. El tiempo que queda después de restar la parte de PRS es la parte de encarcelamiento que incluye la sentencia, es decir, el tiempo total que el preso pasará realmente recluido en el centro penitenciario.

SENTENCIA MÁXIMA

Algunas personas piensan que todos los presos son liberados cuando cumplen sus sentencias mínimas, pero esto no es así. El preso empieza con la sentencia máxima y a esta se le van restando días por el tiempo ganado y por el tiempo meritorio.

SENTENCIA MÍNIMA

La sentencia mínima no es más que el límite mínimo de tiempo que puede alcanzar la reducción de una sentencia. En otras palabras, no importa cuántos programas haya completado el preso, este no podrá ser puesto en libertad hasta que haya cumplido su sentencia mínima.

LA MAYORÍA DE LOS PRESOS NO LLEGAN A REDUCIR SUS SENTENCIAS AL MÍNIMO. LAS FECHAS DE LIBERACIÓN PARA CADA CLASE DE DELITO SE MUESTRAN EN LA SIGUIENTE TABLA:

Clase de delito	Porcentaje del tiempo mínimo servido tras la liberación
Clase B1-C	102%
Clase D	103%
Clase E	104%
Clase F	105%
Clase G	107%
Clase H	114%
Clase I	113%

FÍJENSE QUE LOS PRESOS CON LOS FALLOS CONDENATORIOS MÁS GRAVES GENERALMENTE LOGRAN REDUCIR EL TIEMPO DE SUS SENTENCIAS MEJOR QUE OTROS PRESOS. ¿POR QUÉ? PORQUE LOS PRESOS CON SENTENCIAS MÁS CORTAS NO ESTÁN EN LA CÁRCEL POR TIEMPO SUFICIENTE COMO PARA TERMINAR PROGRAMAS NI HACER LOS TRABAJOS QUE CONCEDEN MUCHO TIEMPO GANADO.

PARA ENTENDERLO MEJOR, VEAMOS EL EJEMPLO DE UN PRESO QUE CUMPLE DE 10 A 21 MESES DE SENTENCIA POR UN DELITO DE CLASE O TIPO G. LOS ÚLTIMOS 9 MESES DE SU SENTENCIA SE RESERVAN PARA PRS, LO QUE DEJA DE 10 A 12 MESES DE ENCARCELAMIENTO. EN PROMEDIO, UN RECLUSO CON UNA SENTENCIA SIMILAR CUMPLIRÁ EL 107% DE SU PENA MÍNIMA (10.7 MESES EN ESTE CASO) ANTES DE SER PUESTO EN LIBERTAD VIGILADA BAJO PRS. LA PUESTA EN LIBERTAD MÁS TEMPRANA POSIBLE ES DE 10 MESES Y LA MÁS TARDÍA DE 12 MESES.

10-12 MESES
PORCIÓN DE RECLUSIÓN

9 MESES
PORCIÓN DE PRS

La sentencia de un preso no finaliza tras su liberación. Tras ser puestos en libertad, todos los delincuentes cumplen un período de PRS obligatorio-el preso no se puede negar. La duración del término de PRS lo rige el tipo de sentencia.

Clase de delito	Duración De PRS
Clase F-I	9 Meses
Clase B1-E	12 Meses
Delito Sexual	60 Meses

Durante el término de PRS, la persona es supervisada por un agente a cargo de la libertad condicional-se trata de los mismos agentes que supervisan a las personas en libertad condicional en Carolina del Norte.

¿Qué sucede con las sentencias múltiples?

Muchos presos cumplen una condena por múltiples fallos condenatorios.

Por defecto, las sentencias pueden ser concurrentes. Eso significa que el preso cumple una condena por todas las sentencias y consigue su libertad cuando la sentencia más larga haya sido completada.

Un juez puede ordenar sentencias consecutivas, a veces llamadas "boxcar" o concatenadas. Eso significa que una sentencia no puede empezar hasta que la otra termine. El sistema penitenciario combina sentencias consecutivas en una sola sentencia con un período de PRS al final. Estas sentencias agregan todo el tiempo de confinamiento y posteriormente se eliminan todas las porciones de PRS excepto la más larga. Por ejemplo, si un preso tiene una sentencia de 20 a 36 meses por un delito mayor de clase E seguido de dos sentencias por un delito mayor de clase H, el período de confinamiento sería algo así:

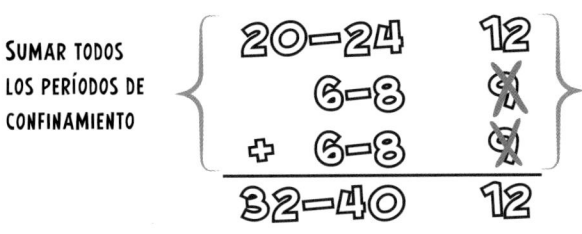

Sumar todos los períodos de confinamiento

Eliminar todos menos la porción de PRS de mayor duración

El preso tendrá que pasar entre 32 y 40 meses en el centro penitenciario, dependiendo del tiempo ganado y el tiempo meritorio, y después será puesto en libertad en PRS durante 12 meses.

Si el preso viola su PRS, este puede ser llevado ante la Comisión de Supervisión Posterior a la Liberación y de Libertad bajo Palabra de Raleigh para someterse a una audiencia por infracción.

Cuando el período de PRS expire o el preso haya cumplido todo el tiempo restante de su sentencia, esta finalizará.

Para infracciones serias (nuevos delitos o darse a la fuga), la comisión puede revocar el tiempo de PRS y puede ordenar que el acusado vuelva a la cárcel para que cumpla el tiempo que le queda de su sentencia máxima (los 9, 12, o 60 meses "extra" que fueron dejados de lado de forma automática como parte de PRS al inicio de la sentencia). Para otras infracciones (citas perdidas, pruebas de drogas, etc.), el preso puede ser devuelto al centro penitenciario hasta 3 meses.

Jamie Markham es profesor de Derecho Público y Gobierno en la Escuela de Gobierno. Pasó a formar parte de la Universidad de Carolina del Norte en 2007. Entre sus intereses se incluyen el derecho y los procedimientos penales, con un enfoque en el derecho penitenciario y los procedimientos de sentencia y corrección.

Shane Tharrington es la encargada de clasificaciones y apoyo técnico de la división de centros penitenciarios del Departamento de Salud Pública de Carolina del Norte. También ha desempeñado varias funciones en el sistema penitenciario desde hace más de veinticinco años.

Jason Whitley es pintor, ilustrador y diseñador de viñetas. Su retrato de Charlotte Hawkins Brown se encuentra en el Museo de Hawkins Brown de Charlotte. Su nueva tira cómica, *Sea Urchins* [erizos de mar], se recoge en cuatro libros.

Traducido por **Tamara Cabrera**, Ph.D., UNC-Chapel Hill

UNC | SCHOOL OF GOVERNMENT

2017.04sp   Distributed by UNC Press
ISBN: 978-1-56011-975-3

9 781560 119753   90000

La Escuela de Gobierno de la Universidad de Carolina del Norte en Chapel Hill trabaja para mejorar las vidas de los residentes de Carolina del Norte mediante la participación en becas prácticas que ayudan a los funcionarios públicos y a los ciudadanos a entender y a mejorar el gobierno estatal y local. La Escuela de Gobierno se estableció en el año 1931 como el Instituto de Gobierno y ofrece servicios educativos, de asesoría y de investigación a gobiernos estatales y locales. Esta también alberga el programa de Maestría en Administración Pública, el Colegio Judicial de Carolina del Norte y los centros especializados de Desarrollo Económico y Comunitario, Tecnología de la Información y Finanzas Medioambientales.

Como organización de investigación, la Escuela de Gobierno ofrece hasta 200 clases, webinarios y conferencias especializadas a más de 12.000 funcionarios públicos cada año. Sus empleados publican aproximadamente 50 libros, manuales, informes, boletines y otros contenidos relacionados con los gobiernos estatales y locales cada año. La Escuela también produce una publicación en línea llamada Daily Bulletin Online cada vez que la Asamblea General celebra una sesión en la que se ofrece información de sus actividades a los miembros de la asamblea legislativa y a las personas que necesitan seguir el transcurso de la legislación. El apoyo financiero a las actividades y programas de la Escuela de Gobierno viene de muchas fuentes, entre las que se incluyen asignaciones estatales, cuotas de membresía de gobiernos locales, contribuciones privadas, ventas de las publicaciones, cuotas de cursos y contratos de servicio.

Si desea obtener más información acerca de los cursos, las publicaciones, los programas y los servicios ofrecidos por la Escuela de Gobierno, puede visitar sog.unc.edu o llamar al número 919.966.5381.

© 2020

Escuela de Gobierno

La Universidad de Carolina del Norte en Chapel Hill

Publicado originalmente bajo el título *In Prison, Serving a Felony Sentence in North Carolina*

Impreso en los Estados Unidos de América

21 20 19 18 17   1 2 3 4 5

ISBN 978-1-56011-975-3